4 Groupes Sanguins 4 Régimes

Le Régime du Groupe A

Dr Peter J. D'Adamo

avec la collaboration de Catherine Whitney

4 Groupes
Sanguins
4 Régimes

Le Régime
du Groupe A

Traduit de l'américain par Anne Lavédrine

DU MÊME AUTEUR
Chez le même éditeur

4 Groupes sanguins 4 Régimes

4 Groupes sanguins 4 Modes de vie

Titre original :

Blood Type A
Food, Beverage and Supplement List from Eat Right for your Type,
publié par Berkeley Publishing Groupe,
une division de Penguin Putnam.

Aux porteurs du groupe sanguin A du XXIe siècle :
puissiez-vous prendre pleinement conscience
de votre fantastique héritage génétique.

Ce que les personnes du groupe A disent du régime du Groupe A

Mary T., 52 ans

JE SUIS DES RÉGIMES, MINCIS, puis regrossis depuis une bonne vingtaine d'années ; j'ai dû perdre et reprendre au total près d'une tonne ! Quand j'ai entrepris le régime Groupe sanguin, au mois de mars dernier, je frôlais les cent kilos. Aujourd'hui, je pèse soixante-quinze kilos et je continue à mincir. Plusieurs raisons m'ont poussée à adopter ce protocole nutritionnel, mais c'est sûrement le fait que mon mari, jusque-là svelte et sportif, s'était mis à s'enrober qui a emporté ma décision. Alors que j'essayais en vain depuis un an environ de le convaincre de réduire son apport en matières grasses, voilà qu'il se montrait tout disposé à tester le régime Groupe sanguin. En plus, nous appartenons tous deux au groupe A, ce qui simplifiait encore les choses. Quatre jours après avoir renoncé aux laitages, mon époux a cessé de ronfler et moi qui avais émigré, de guerre lasse, dans la chambre d'amis, j'ai pu réintégrer le lit conjugal. Je suis passée d'une taille 52 à une taille 44 et lui peut de nouveau enfiler ses jeans de lycéen. Il a perdu plus de onze kilos en six semaines. Plus révélateur encore, en l'espace de deux mois, son taux de triglycérides est redescendu de 608 à 177 mmol/l. Et nous mangeons à notre faim !

Ned K., 35 ans

——————

JE SOUFFRAIS de colites chroniques que rien ne paraissait pouvoir guérir. Après toute une batterie d'examens, mon gastro-entérologue m'avait annoncé qu'il ne pouvait rien pour moi ! Il me paraissait inconcevable de passer le restant de mon existence à dorloter mon intestin sous peine de crises doulou-reuses. Le régime du groupe A a changé ma vie du tout au tout. Son succès m'a émerveillé – et il m'émer-veille encore. Ma mère et mon frère, que j'ai vivement incités à imiter mon exemple, se déclarent eux aussi ravis de ce protocole santé. Merci mille fois. Vous n'imaginez pas à quel point je vous suis reconnaissant d'avoir mené à bien vos recherches sur les liens entre l'alimentation et les groupes sanguins.

Rena W., 37 ans

——————

GRÂCE AU RÉGIME DU GROUPE A, je suis devenue une autre femme, tant sur le plan de la santé que sur celui de l'apparence ! J'ai commencé ce régime peu après que mon gynécologue m'a diagnostiqué un syndrome ovarien polykystique. Je savais qu'il fallait que je me décide à prendre en main ma santé et mon problème de poids. Avec grand plaisir, je puis vous annoncer que j'ai perdu douze kilos ; de plus, je me sens en grande forme. Pourquoi tout le monde ne suit-il pas le régime Groupe sanguin ? Un jour, tous les médecins le prescriront et le monde entier prendra conscience de sa valeur !

Helen S., 33 ans

———

J'AI PERDU SEPT KILOS en deux mois, ce qui est déjà merveilleux, mais ce n'est pas tout, loin s'en faut : je ne me suis jamais sentie aussi bien de toute mon existence ! Cela relève du miracle si l'on considère que je m'occupe à plein temps de mes deux enfants, débordants d'énergie... La dernière fois que nous les avons emmenés à Disneyland, nous étions quatre adultes, et, sans conteste, c'était moi la plus en forme !

Bruce E., 54 ans

———

MES DERNIERS EXAMENS indiquent une chute spectaculaire de mon cholestérol sanguin et de mon taux de triglycérides, j'ai perdu dix kilos, je digère bien mieux, mon moral est plus stable et j'ai l'esprit plus clair. Bref, depuis que je suis le régime du groupe A, tout va mieux ! Et comme je pratique l'acupuncture

et la médecine par les plantes, je recommande régulièrement le régime Groupe sanguin à mes patients.

Stéphanie S., 29 ans

J'AI SUIVI LE RÉGIME DU GROUPE A pendant quatre
mois environ et je me suis sentie incroyablement
mieux : plus d'excès de mucosités – un vrai miracle ! –,
cinq kilos perdus et surtout, pour la première fois
depuis bien longtemps, j'étais bien dans ma peau. Mais
quand, au bout de neuf mois, j'ai traversé une phase
de grande fatigue, j'ai résolu de changer mon fusil
d'épaule et, en bonne victime de la mode, d'adopter
une alimentation hyperprotéinée. Je me gorgeais de
viande, de crème et de noix en tout genre, avec quelques feuilles de laitue en guise d'accompagnement. Au
bout d'une semaine, j'avais pris deux kilos et j'avais
l'impression que toutes ces toxines animales m'avaient
souillée. Bref : je ne savais plus très bien où j'en étais.
Tous les articles que j'avais lus m'assuraient que mes
kilos superflus fondraient comme neige au soleil si
j'augmentais mon apport en protéines et voilà que je
grossissais ! Sans doute ces régimes doivent-ils leur
vogue à la prédominance du groupe sanguin O au sein
de la population humaine ! J'ai donc repris le régime
du Groupe A et je porte un toast au Dr D'Adamo
avec mon cappuccino au lait de soja.

Message à l'intention des sujets du groupe A

*C*HER LECTEUR DU GROUPE A,

Ce livret intitulé *Le Régime du Groupe A* se concentre sur l'application à votre cas des principes et des stratégies du régime Groupe sanguin. Si vous venez d'entreprendre ce régime, vous trouverez là un guide simple et accessible qui vous permettra d'assimiler les préceptes de base. Si vous suivez déjà ce protocole nutritionnel et connaissez déjà mes précédents ouvrages (*4 Groupes sanguins 4 Régimes* et *4 Groupes Sanguins 4 Modes de vie*), considérez-le comme un manuel de référence à emporter partout avec vous pour vous aider à mémoriser mes recommandations nutritionnelles.

Depuis la publication du régime Groupe sanguin, voilà bientôt sept ans, j'ai reçu plusieurs dizaines de milliers de témoignages en provenance du monde entier. Beaucoup émanent de sujets du groupe A qui ont surmonté des problèmes de santé chroniques et des maladies graves, ou remporté un combat de longue date contre les kilos, simplement en adoptant une alimentation et un mode de vie adaptés à leur groupe sanguin. Un nombre croissant d'études appuient la théorie selon laquelle nos différences individuelles revêtent une réelle importance en termes de santé et d'hygiène de vie.

J'espère sincèrement que vous rejoindrez les rangs de vos congénères du groupe A qui ont obtenu de tels succès. Je vous invite à partager le renouveau de bien-être et de bonne santé que le régime du Groupe A engendre.

Dr Peter J. D'Adamo

Note de l'auteur

Ce livre a été conçu afin de regrouper exclusivement les informations les plus essentielles sur le régime Groupe sanguin.

Pour en optimiser le bénéfice thérapeutique, le Dr D'Adamo recommande vivement la lecture de ses livres *4 Groupes sanguins 4 Régimes* et *4 Groupes sanguins 4 Modes de vie*, lesquels exposent de façon plus complète ses recherches et ses conseils nutritionnels. Ces ouvrages contiennent les explications scientifiques qui vous permettront de mesurer pleinement l'influence du groupe sanguin sur l'alimentation, l'activité physique, la santé, la maladie, la longévité, la vitalité et la stabilité émotionnelle.

La connexion groupe sanguin – régime

*É*TABLIR UN LIEN entre le groupe sanguin et l'alimentation peut paraître au premier abord un raccourci un peu hâtif. Pourtant, on s'aperçoit bien souvent qu'une telle connexion apporte des réponses aux questions les plus troublantes. Il est depuis longtemps admis qu'il manque un « chaînon » dans notre compréhension du processus étrange selon lequel certains suivent la voie du bien-être et de la santé, tandis que d'autres s'en écartent. Il doit bien exister une raison aux résultats discordants des études nutritionnelles et des statistiques de survie aux maladies. L'analyse des groupes sanguins permet d'expliquer ces paradoxes.

Les groupes sanguins sont aussi essentiels que la vie elle-même. Dans la fascinante logique de la nature, ils se perpétuent sans relâche depuis les origines de l'humanité. Ils constituent l'empreinte de nos ancêtres sur le parchemin indestructible de l'Histoire. Le gène du groupe sanguin A est apparu lorsque, au lieu de se contenter de l'existence de chasseurs-cueilleurs qu'ils menaient jusqu'alors, vos aïeux se sont sédentarisés au sein de communautés agricoles. Ce gène leur a permis de prospérer grâce à une alimentation à dominante végétarienne. Si étonnant que cela puisse paraître, votre système immunitaire et votre tube digestif de ce début de XXIᵉ siècle préfèrent toujours les aliments dont les ancêtres de votre groupe sanguin se nourrissaient.

Votre groupe sanguin détient la clé de votre système immunitaire et constitue de ce fait l'un des facteurs déterminants de votre profil médical. L'antigène du groupe sanguin fait office de gardien de l'organisme en produisant des anticorps afin de combattre d'éventuels intrus. Quand un anticorps rencontre l'antigène d'un envahisseur bactérien, il se produit une réaction appelée « agglutination » : l'anticorps s'agrège aux intrus – virus, parasites ou bactéries –, les rendant si « collants » que ceux-ci viennent s'agglutiner en une masse plus commodément repérable, ce qui facilite d'autant leur élimination.

Cela dit, le rôle des antigènes et des anticorps sanguins va bien au-delà de la simple lutte contre les agents microbiens et les autres envahisseurs. On a ainsi remarqué que nombre d'aliments suscitaient un processus d'agglutination similaire à celui qui se produit en présence d'un antigène étranger, mais rarement chez tous les groupes sanguins à la fois. Cela signifie qu'un aliment exerçant une action néfaste sur les cellules sanguines d'un groupe peut être bénéfique pour celles d'un autre.

La réaction chimique qui se produit entre votre sang et les aliments que vous ingérez dépend de votre patrimoine génétique. Elle résulte de l'action de protéines appelées lectines. Présentes en grande quantité dans les aliments, ces lectines possèdent des propriétés agglutinantes. Dans la nature, elles permettent à deux micro-organismes de se lier l'un à l'autre. Souvent, cette super-colle naturelle est attirée prioritairement par certains antigènes sanguins, ce qui les rend néfastes pour ces groupes.

Lorsque vous consommez un aliment contenant des lectines incompatibles avec vos antigènes sanguins, ces lectines prennent pour cible un de vos organes ou de vos appareils (les reins, le foie, le cerveau, l'appareil digestif, etc.) et se mettent à agglutiner les cellules sanguines dans cette zone. Par exemple, la lectine du haricot rouge réagit avec le sang des personnes du groupe A en s'attaquant aux enzymes digestives et en entravant la sécrétion d'insuline.

Le régime du groupe A permet de rétablir les fonctions protectrices naturelles de votre système immunitaire, de réguler votre métabolisme et de débarrasser votre sang des lectines agglutinantes nocives. Chacun en tire des bienfaits, qui varieront en fonction de son état de santé et de la rigueur avec laquelle il respecte son programme nutritionnel.

Les bases du régime du groupe A

C'EST UN RÉGIME DE TYPE VÉGÉTARIEN – similaire à celui de leurs ancêtres, les premiers cultivateurs sédentarisés – qui convient le mieux aux personnes du groupe A. Si vous privilégiez actuellement une alimentation « classique » fondée sur le steak-frites, la perspective de bouleverser brutalement vos habitudes pour remplacer vos mets favoris par des protéines de soja, des céréales et des légumes vous semblera sans doute effarante. De même, peut-être éprouverez-vous quelque difficulté à éliminer de votre assiette les produits transformés ou raffinés, tant notre alimentation moderne fait une large place aux toxines sous emballage alléchant.

Il est pourtant capital pour votre organisme que vous appreniez à consommer des aliments aussi proches de la nature que possible, frais, sains et issus de l'agriculture biologique. Si vous suivez le régime adapté à votre groupe sanguin, vous stimulerez votre système immunitaire de manière à pouvoir court-circuiter le développement de maladies potentiellement fatales. L'un des aspects les plus positifs de votre héritage génétique est sans doute votre aptitude à tirer le meilleur parti de ce que la nature vous offre. À vous de réapprendre ce que votre sang sait déjà !

Le régime du groupe A fonctionne parce qu'il propose un plan d'action clair, logique, scientifiquement établi et prouvé, et correspondant à votre profil cellulaire.

Dans le cadre de votre protocole nutritionnel, les aliments sont répartis en treize groupes :

- viandes et volailles,
- poisson, crustacés et mollusques,
- laitages et œufs,
- huiles et corps gras,
- noix et graines,
- pois et légumes secs,
- céréales et produits céréaliers,
- légumes,
- fruits,
- jus de fruits et de légumes,

- épices, condiments et additifs culinaires,
- tisanes,
- autres boissons.

Au sein de chacun de ces groupes, on distingue trois catégories d'aliments : ceux qui sont TRÈS BÉNÉFIQUES, ceux qui sont NEUTRES et ceux qu'il faut ÉVITER. Cela revient à dire que :

- un aliment TRÈS BÉNÉFIQUE agit comme un MÉDICAMENT ;
- un aliment À ÉVITER agit comme un POISON ;
- un aliment NEUTRE agit comme un ALIMENT.

Ne vous laissez pas effrayer par le terme « éviter ». Le régime du groupe A repose sur un éventail d'aliments suffisamment vaste pour prévenir toute frustration. Dès que vous le pouvez, préférez les aliments « très bénéfiques » aux autres, mais ne vous privez pas pour autant des aliments « neutres » que vous appréciez. Ces derniers ne contiennent pas de lectines nocives pour vous et renferment en revanche des nutriments utiles à l'équilibre de votre alimentation.

Au début de chaque sous-chapitre consacré à une catégorie d'aliments, vous trouverez un tableau récapitulatif de ce type (à noter : le nombre de portions, en général hebdomadaire, est parfois quotidien).

Groupe sanguin A	Portion par semaine si vous êtes d'ascendance			
		européenne	africaine	asiatique
Tous les poissons, crustacés et mollusques	140-170 g	3 à 5 fois	1 à 4 fois	4 à 6 fois

Les portions indiquées dans ces tableaux sont détaillées en fonction de l'origine ethnique de chacun. En effet, la répartition des gènes déterminant le groupe sanguin varie suivant les populations. Un individu du groupe A peut posséder deux gènes de ce groupe sanguin (AA) – ce qui signifie que ses deux parents appartenaient au groupe A –, ou un gène du groupe A et un gène du groupe O (AO), si l'un de ses parents appartenait au groupe O. En règle générale, avoir des aïeux africains augmente la probabilité pour un individu d'être porteur d'un gène O.

Ces adaptations spécifiques prennent également en considération les caractéristiques morphologiques typiques de ces populations. Elles ne constituent pas des règles strictes, mais seulement des recommandations destinées à vous aider à affiner encore plus votre régime en fonction de votre hérédité.

Mon conseil
Utilisez-les si elles vous semblent bénéfiques et ignorez-les si ce n'est pas le cas. En tout état de cause, vous apprendrez à déterminer vous-même les quantités qui vous conviennent le mieux.

CHAPITRE 1

Viandes et volailles

Groupe A		Portion par semaine si vous êtes d'ascendance		
		européenne	africaine	asiatique
Viande rouge maigre	115-170 g (hommes)	0 à 1 fois	0 à 1 fois	0 à 1 fois
Volaille	60-140 g (femmes et enfants)	0 à 3 fois	0 à 3 fois	1 à 4 fois

Pour tirer un bénéfice maximal de leur alimentation, les personnes du groupe A devraient en éliminer toutes les viandes. Commencez en remplaçant plusieurs fois par semaine la viande par du poisson. Et lorsque vous mangerez de la viande, préférez la volaille à la viande rouge, et cuisinez-la au gril ou au four. Fuyez impitoyablement les aliments transformés comme le jambon, les saucisses et la charcuterie, car ils contiennent des nitrites qui favorisent l'apparition de cancers de l'estomac chez les personnes ayant un faible taux d'acidité gastrique – une caractéristique typique du groupe A.

TRÈS BÉNÉFIQUES
Aucun

NEUTRES

Autruche	Grouse
Bécasse	Pintade
Dinde	Poulet

À ÉVITER

Agneau	Faisan
Bacon	Foie (veau)
Bœuf	Gibier à poil
Bison	Jambon
Cailles	Lapin
Canard	Mouton
Cervelle	Oie
Cheval	Perdreau
Chevreau	Porc
Cœur	Veau

CHAPITRE 2

Poisson, crustacés et mollusques

Groupe A	Portion par semaine si vous êtes d'ascendance		
		européenne	africaine	asiatique
Tous les produits de la mer	115-170 g	1 à 3 fois	1 à 3 fois	1 à 3 fois

Les personnes du groupe A peuvent consommer du poisson et des fruits de mer deux ou trois fois par semaine mais doivent éviter les poissons blancs comme la sole et le flet, qui contiennent une lectine irritante pour leur appareil digestif. Pour les femmes du groupe A à risque familial de cancer du sein, les escargots constituent un aliment intéressant : en effet, l'espèce *Helix pomatia* contient une puissante lectine qui est attirée par les cellules mutantes de deux des formes les plus répandues de cancer du sein et qui les agglutine spécifiquement. Il s'agit là d'un exemple d'agglutination utile : cette lectine favorise l'élimination des cellules malades.

TRÈS BÉNÉFIQUES

Capitaine	Merlan
Carpe	Morue
Corégone	Perche
Doré jaune	Sandre
Escargot	Sardine
Lieu jaune	Saumon
Maquereau	Truite (toutes variétés)

NEUTRES

Acoupa royal (*weakfish*)	Maquereau espagnol
Bar	Maskinongé
Brochet	Mulet
Brosme	Œufs de saumon
Cabillaud	Ormeaux
Calicagère demi-lune	Poisson-lune
Daurade	Poisson-perroquet
Empereur	Pompano
Éperlan	Rascasse rouge
Espadon	Requin
Esturgeon	Sébaste
Grand sébaste	Silure jaune
Grand tambour	Stromatée
Grondin	Thon
Limande à queue jaune	Tilapia
Mahimahi (daurade coryphène)	Vivaneau
Malachigan	Voilier

À ÉVITER

Alose	Haddock
Anchois	Harengs (frais ou saurs)
Anguille	Homard
Barracuda	Huîtres
Calicagère bleue	Lambi
Calmar	Langouste
Caviar	Lotte
Clams	Moules
Colin	Poisson-chat
Coquilles Saint-Jacques	Poulpe
Crabe	Saumon fumé
Crevettes	Saumon des moissons
Écrevisse	Sole
Flet	Spare doré
Flétan	Tassergal
Grenouilles	

Laitages et œufs

Groupe A	Portion par semaine si vous êtes d'ascendance		
		européenne	africaine	asiatique
Œufs	1 œuf	1 à 3 fois	1 à 3 fois	1 à 3 fois
Fromage	55 g	1 à 3 fois	0 à 2 fois	0 à 2 fois
Yaourt	115 à 170 g	1 à 3 fois	0 à 1 fois	0 à 3 fois
Lait	115 à 170 ml	1 à 3 fois	0 à 1 fois	0 à 3 fois

Les personnes du groupe A tolèrent les laitages fermentés à petite dose, mais doivent éviter tous les produits confectionnés à partir de lait entier et limiter strictement leur consommation d'œufs (accordez-vous seulement un œuf « bio » de temps à autre).

Pour ce qui est des laitages, préférez le yaourt, le kéfir et les autres laitages fermentés. Le lait de chèvre cru constitue un excellent substitut du lait de vache entier.

Si vous êtes sujet aux allergies ou souffrez de problèmes respiratoires, sachez que la consommation de laitages accroît de manière significative la production de mucosités, alors que les personnes du groupe A en sécrètent déjà plus que les autres. Cet excès de muco-sités conduit inévitablement aux réactions allergiques, aux maladies infectieuses et aux troubles respiratoires. Voilà donc une autre bonne raison de limiter votre apport en laitages.

TRÈS BÉNÉFIQUES
Aucun

NEUTRES

Crème aigre	Œuf de caille
Féta	Œuf de cane
Fromage de chèvre	Œuf d'oie
Ghee (beurre clarifié)	Œuf de poule
Kéfir	*Paneer* (fromage indien)
Lait de chèvre	Ricotta
Mozzarella	Yaourt

À ÉVITER

Babeurre	Gruyère
Beurre	Jarlsberg
Bleu	Lait de vache demi-écrémé
Brie	Lait de vache écrémé
Camembert	Lait de vache entier
Cheddar	Munster
Cottage cheese	Neufchâtel
Crème glacée	Parmesan
Edam	Petit-lait
Emmenthal	Provolone
Fromage frais	Sorbet laitier (*sherbet*)
Gouda	

CHAPITRE 4

Huiles et corps gras

Groupe A	Portion par semaine si vous êtes d'ascendance		
		européenne	africaine	asiatique
Huiles	1 cuillerée à soupe	5 à 8 fois	5 à 8 fois	5 à 8 fois

Les personnes du groupe A ont besoin de très peu de graisses. Cependant, ajouter une cuillerée d'huile d'olive à une salade ou à des légumes cuits à la vapeur favorise la digestion et l'élimination des déchets et toxines. Étant mono-insaturée, l'huile d'olive est en outre bénéfique pour le cœur et susceptible de favoriser une baisse du taux de cholestérol sanguin.

TRÈS BÉNÉFIQUES

Huile de graines de lin	Huile d'olive
Huile de noix	Huile de pépins de cassis

NEUTRES

Huile d'amande douce	Huile de germes de blé
Huile de bourrache	Huile d'onagre
Huile de carthame	Huile de sésame
Huile de colza	Huile de soja
Huile de foie de morue	Huile de tournesol

À ÉVITER

Huile d'arachide	Huile de maïs
Huile de coco ou de coprah	Huile de ricin
Huile de graines de coton	

CHAPITRE 5

Noix et graines

Groupe A	Portion par semaine si vous êtes d'ascendance		
		européenne	africaine	asiatique
Noix	1 petite poignée	4 à 7 fois	4 à 7 fois	4 à 7 fois
Beurres de noix	2 cuillerées à soupe	1 à 4 fois	3 à 5 fois	2 à 4 fois

Comme le régime du groupe A contient très peu de protéines animales, les noix et les graines représentent un bon apport en protides. Les cacahuètes sont les plus bénéfiques, car elles contiennent une lectine qui s'attaque aux cellules cancéreuses. Vous pouvez d'ailleurs aussi manger leur peau – mais pas leur cosse !

Si vous souffrez de problèmes biliaires, préférez aux noix entières de petites quantités de beurre de noix.

TRÈS BÉNÉFIQUES

Beurre de cacahuète	Graines de lin
Cacahuètes	Noix
Graines de courge	

NEUTRES

Amandes	Noisettes
Beurre d'amandes	Noix
Beurre de tournesol	Noix de caryer (hickory)
Châtaigne	Noix de macadamia
Faine	Noix de noyer cendré (*butternut*)
Graines de carthame	Noix de pécan
Graines de pavot	Pignons
Graines de tournesol	Graines de sésame
Lait d'amande	Tahini (beurre de sésame)

À ÉVITER

Noix du Brésil	Pistaches
Noix de cajou	

CHAPITRE 6

Pois et légumes secs

Groupe A	Portion par semaine si vous êtes d'ascendance		
		européenne	africaine	asiatique
Pois et légumes	1 tasse de 225 ml (produit sec)	5 à 7 fois	5 à 7 fois	5 à 7 fois

Les pois et les légumes secs sont idéals pour les personnes du groupe A. Beaucoup de ces aliments se révèlent en effet riches en protéines. Sachez toutefois que tous les mets de cette catégorie ne vous conviennent pas pour autant. Certains, tels les haricots rouges, les haricots de Lima, les haricots blancs mojettes ou les pois chiches renferment une lectine qui peut faire chuter votre production d'insuline, ce qui favorise l'obésité et le diabète.

Réservez une place dans vos menus au soja et à ses dérivés (tofu, *tempeh*, lait de soja, etc.), excellents pour votre groupe sanguin. Outre les magasins de produits diététiques, beaucoup de grandes surfaces proposent aujourd'hui ces produits aux consommateurs.

TRÈS BÉNÉFIQUES

Fèves	Haricots d'Espagne
Flageolets	Haricots noirs
Fromage de soja	Lait de soja
Graines de soja	Lentilles
Haricots adzuki	Miso *
Haricots cocos	*Tempeh* *
Haricots cornille	Tofu *

* Produits dérivés du soja.

NEUTRES

Haricots blancs	Haricots verts
Haricots mungo	Jicama
Haricots Northern	Petits pois
Haricots Soissons	Pois gourmands

À ÉVITER

Graines de tamarin	Haricots rouges
Haricots de Lima	Pois chiches
Haricots mojettes	

CHAPITRE 7

Céréales et produits céréaliers

Groupe A	Portion par semaine si vous êtes d'ascendance		
		européenne	africaine	asiatique
Céréales, pain et pâtes	1/2 tasse de 225 ml de céréales ou de pâtes (produit sec), 1 muffin ou 2 tranches de pain	7 à 9 fois	7 à 10 fois	7 à 10 fois

En général, les céréales et leurs dérivés conviennent très bien aux personnes du groupe A, en particulier les variétés complètes, riches en nutriments, plutôt que des céréales plus raffinées ou prêtes à l'emploi. Évitez les produits industriels tels que les plats cuisinés surgelés, les nouilles prêtes à l'emploi avec leur sauce ou les mélanges de riz et de légumes déshydratés. Les aliments naturels à base de céréales complètes se révèlent beaucoup plus intéressants sur le plan nutritionnel.

Ceux d'entre vous qui souffrent d'un excès de mucosités prononcé, d'asthme ou d'infections ORL à répétition veilleront à limiter leur apport en blé, car ce dernier favorise la sécrétion de mucosités. Déterminez vous-même, par tâtonnements, les portions qui vous conviennent.

Le pain et les muffins vous sont en général bénéfiques ; respectez toutefois la mise en garde ci-dessus concernant le blé. Les farines de riz et de soja remplacent avantageusement celui-ci.

En ce qui concerne les pâtes et les autres préparations à base de céréales, vous n'avez que l'embarras du choix, car tous ces aliments constituent pour vous d'excellentes sources de protéines végétales. Ils vous apportent les nutriments dont l'abandon des aliments carnés vous prive.

TRÈS BÉNÉFIQUES

Amarante	Pain Essène (pain de blé germé)
Farine d'avoine	Pâtes à la farine de topinambour
Farine de riz	Sarrasin
Farine de seigle	Soba (nouilles japonaises 100 % sarrasin)
Galettes de riz	Son de riz
Pain d'avoine (100 % avoine)	

NEUTRES

Blé kamut	Millet
Corn flakes	Orge
Couscous	Pain de blé germé industriel

Crème de riz	Pain de seigle (100 % seigle)
Farine de blé complet (produits à base de)	Pain de riz
Farine de blé dur (produits à base de)	Pop corn
Farine de blé non raffiné (produits à base de)	Quinoa
Farine de blé raffiné (produits à base de)	Riz basmati
Farine d'épeautre (produits à base de)	Riz blanc
Farine au gluten (produits à base de)	Riz complet
Farine de maïs	Riz sauvage
Fécule de maïs	Riz soufflé
Flocons d'avoine	Son d'avoine
Galette Ryvita	Son de riz
Galettes de seigle	Sorgho
Lait de riz	Tapioca
Maïs	

À ÉVITER

Blé concassé	Muffins anglais
Crème de blé	Pain azyme
Germe de blé	Son de blé

CHAPITRE 8

Légumes

Groupe A	Portion par semaine si vous êtes d'ascendance		
		européenne	africaine	asiatique
Légumes crus	1 tasse de 225 ml	À volonté	À volonté	À volonté
Légumes cuits	1 tasse de 225 ml	À volonté	À volonté	À volonté

Les légumes sont vitaux pour les personnes du groupe A, à qui ils fournissent oligo-éléments, enzymes et anti-oxydants. Afin de préserver leurs nutriments, mangez-les sans trop modifier leur état naturel – c'est-à-dire crus ou cuits à la vapeur.

La plupart des légumes vous sont autorisés, mais retenez ces quelques exceptions : les poivrons irritent votre estomac délicat, tout comme les levures présentes dans les olives fermentées. Les personnes du groupe A sont également très sensibles aux lectines des pommes de terre, des patates douces, des ignames et du chou. Évitez aussi les tomates, qui ont un effet désastreux sur votre tube digestif.

Les brocolis sont en revanche excellents pour vous, grâce à leurs propriétés anti-oxydantes. Les anti-oxydants renforcent le système immunitaire et préviennent les divisions cellulaires anormales. Pour les mêmes raisons, privilégiez les carottes, le chou cavalier, le chou frisé, le potiron et les épinards. Les oignons jaunes constituent eux aussi un précieux stimulant du système immunitaire, notamment grâce à la présence d'un puissant anti-oxydant appelé quercétine.

Les Japonais font un large usage des champignons maitaké, réputés renforcer les défenses immunitaires. Des études récentes laissent en outre supposer qu'ils posséderaient aussi des propriétés anticancéreuses.

TRÈS BÉNÉFIQUES

Ail	Fenouil
Alfalfa / luzerne (pousses)	Gingembre
Artichaut	Gombos (okras)
Betterave (fanes)	Jus d'aloès
Blettes	Maitaké (champignons)
Brocolis	Navet
Carottes (et jus de carotte)	Oignons (toutes variétés)
Céleri-branche (et jus de céleri)	Panais
Chicorée	Persil
Chou cavalier	Pissenlit
Chou frisé	Poireau
Chou-rave	Potiron
Chou romanesco	Raifort
Citrouille	Romaine
Épinards (et jus d'épinard)	Scarole

NEUTRES

Algues	Haricots mange-tout
Asperges	Haricot mungo (pousses)
Avocat	Haricots verts
Bambou (pousses)	Jus de chou
Betterave (et jus de betterave)	Laitue
Céleri-rave	Laminaire
Champignons enoki	Maïs
Champignons de Paris	Mesclun
Champignons Portobello	Moutarde (feuilles)
Châtaigne d'eau	Olives vertes
Choux de Bruxelles	*Pak-choï*
Chou-fleur	Petits pois
Ciboule	*Pickles* à la saumure
Concombre (et jus de concombre)	Pleurotes
Coulemelles	Pois gourmands
Courges (toutes variétés sauf citrouille et potiron)	Radis
Courgettes	Radis (pousses)
Cresson	Roquette
Crosses de fougère	Rutabaga
Daikon (radis oriental)	Salsifis
Échalote	Taro
Endive	Trévisane

À ÉVITER

Aubergine	*Pickles* au vinaigre
Chou (sauf sous forme de jus)	Piments (toutes variétés)

Choucroute	Pommes de terre (toutes variétés)
Genièvre	Poivrons (toutes variétés)
Igname	Rhubarbe
Olives noires	*Shiitaké*
Patates douces	Tomates (et jus de tomate)

CHAPITRE 9

Fruits

Groupe A	Portion par semaine si vous êtes d'ascendance		
	européenne	africaine	asiatique
Fruits recommandés	1 fruit ou 85-140 g	3 à 4 fois	2 à 4 fois	3 à 4 fois

Les personnes du groupe A devraient consommer des fruits au moins trois fois par jour. La plupart des fruits leur sont autorisés, mais elles s'efforceront de privilégier les variétés les plus alcalines, comme les baies et les melons, qui équilibrent l'influence acide des céréales sur leurs tissus.

En revanche, les fruits tropicaux, notamment la mangue et la papaye, ne vous conviennent pas très bien. Évitez aussi les oranges, qui irritent votre estomac et entravent l'absorption d'oligo-éléments indispensables à votre santé.

Le pamplemousse appartient à une espèce très voisine ; lui aussi acide, il est néanmoins bénéfique pour le groupe A car, après sa digestion, il affiche des tendances alcalines. L'ananas, lui, facilite votre digestion, tout comme les citrons, qui favorisent en outre l'élimination des mucosités. La vitamine C étant un important anti-oxydant, particulièrement utile pour la prévention des cancers de l'estomac, consommez aussi d'autres fruits riches en vitamine C, comme les kiwis.

Étant donné que la lectine de la banane interfère avec votre processus digestif, je vous conseille de la remplacer par d'autres fruits riches en potassium, tels que les abricots ou les figues.

Sauf indication contraire, le jus d'un fruit se classe dans la même catégorie que le fruit entier.

TRÈS BÉNÉFIQUES

Abricot	Jus de cerise noire
Ananas	Mûres
Cerises (toutes variétés)	Myrtilles
Citron	Pamplemousse
Citron vert	Pruneaux
Figues (fraîches ou séchées)	Prunes (toutes variétés)

NEUTRES

Anone (fruit de l'arbre à pain)	Kiwi
Canneberges (*cranberries*)	Kumquats
Carambole	Melon
Cassis	Melons d'hiver (canang, casaba, christmas, Crenshaw, d'Espagne, musqué, de Perse)
Coing	Nectarine
Dattes	Pastèque
Figue de Barbarie	Pêche
Fraises	Poire
Framboises	Poire de Chine
Goyave	Pomme

Grenade	Raisin (toutes variétés)
Groseilles	Raisins secs
Groseilles à maquereau	Sagou
Kaki	Sureau (baies)

À ÉVITER

Banane	Melon Honeydew
Banane plantain	Noix de coco (et lait de coco)
Clémentine	Orange
Mangue	Papaye
Melon amer	

CHAPITRE 10

Jus de fruits et de légumes

Groupe A	Portion par semaine si vous êtes d'ascendance		
		européenne	africaine	asiatique
Jus de fruits et de légumes recommandés	225 ml	2 à 3 fois	2 à 3 fois	2 à 3 fois
Citronnade à l'eau	225 ml	le matin	le matin	le matin
Eau	225 ml	4 fois au minimim	4 fois au minimim	4 fois au minimim

Buvez chaque matin au lever un grand verre d'eau chaude dans lequel vous aurez pressé un demi-citron. Cela vous aidera à éliminer les mucosités accumulées pendant la nuit et favorisera votre transit intestinal.

Lorsque vous confectionnez ou achetez des jus de légumes ou de fruits, choisissez-les en fonction des recommandations des chapitres 8 et 9.

Préférez les jus des fruits alcalins, comme le jus de cerise noire dilué avec de l'eau, aux jus de fruits trop sucrés qui sont plus acidifiants.

CHAPITRE 11

Épices, condiments et additifs culinaires

*N*E CONSIDÉREZ PAS LES ÉPICES comme de simples exhausteurs de saveur. Adroitement combinées, elles peuvent en effet stimuler efficacement votre système immunitaire. Ainsi les épices à base de soja comme le tamari, le miso ou la sauce de soja sont très bénéfiques pour vous. Et si leur teneur en sodium vous préoccupe, sachez que presque toutes existent aujourd'hui en version appauvrie en sodium.

Usez et abusez de l'ail, antibiotique naturel, stimulant des défenses immunitaires et ami de votre appareil cardio-vasculaire. Bénéfique pour tous les groupes sanguins, cet aromate se révèle essentiel pour les organismes du groupe A, dont le système immunitaire est plus vulnérable et qui est sujet à diverses affections.

La mélasse non raffinée constitue une excellente source de fer, un oligo-élément qui fait souvent défaut dans l'alimentation du groupe A.

La laminaire (algue) vous apportera de l'iode et nombre d'autres oligo-éléments.

Évitez le vinaigre, trop acide pour vous.

Le sucre et le chocolat, enfin, vous sont autorisés, mais sachez vous montrer raisonnable. Dosez-les comme des condiments.

Vous pouvez également vous autoriser un peu de confiture, ainsi que de sauce de salade, à condition de choisir une variété appauvrie en lipides et ne contenant pas de vinaigre. On a en effet établi une corrélation entre la consommation de conserves au vinaigre et les cancers de l'estomac chez les personnes affichant une faible acidité gastrique.

Éliminez également le ketchup de vos menus puisque vous ne digérez ni les tomates ni le vinaigre qu'il renferme.

TRÈS BÉNÉFIQUES

Ail	Moutarde sans vinaigre
Curcuma	Persil
Gingembre	Raifort
Malt d'orge	Sauce de soja
Mélasse non raffinée (ou raffinée)	Tamari
Miso	

NEUTRES

Agar-agar	Levure de boulanger
Aneth	Macis
Anis	Marjolaine
Basilic	Menthe
Bergamote	Menthe poivrée
Cannelle	Miel

Cardamome	Moutarde
Caroube	Noix de muscade
Carvi	Origan
Cerfeuil	Paprika
Chocolat	Pectine de pomme
Ciboulette	*Pickles* à la saumure
Confiture de fruits autorisés	Réglisse (racine)
Coriandre	Romarin
Crème de tartre	Safran
Cumin	Sarriette
Curry	Sauce de salade (pauvre en lipides et composée d'ingrédients autorisés)
Dextrose	Sel de mer
Dulse (rhodyménie palmée)	Sirop d'érable
Essence d'amande	Sirop de maïs
Estragon	Sirop de riz
Fécule de maïs	Sirop de riz complet
Fructose	Sucre blanc
Gelée de fruits autorisés	Sucre roux
Genièvre	Tamarin
Clou de girofle	Tapioca
Guarana	Thym
Laurier	Toute épice
Levure de bière	Vanille

À ÉVITER

Algues (bleu-vertes)	Ketchup
Aspartame	Mayonnaise
Câpres	Pickles au vinaigre
Carraghènes	Piment de Cayenne

Gaulthérie couchée (*wintergreen*)	Piment séché
Gélatine (nature)	Poivre en grains
Glutamate de sodium	Poivre moulu (blanc, gris ou noir)
Gomme arabique	Sauce Worcestershire
Gomme de guar	Vinaigre (toutes variétés)

CHAPITRE 12

Tisanes

Les tisanes qui stimulent le système immunitaire et favorisent la santé cardio-vasculaire conviennent parfaitement aux personnes du groupe A. Prenez de l'aubépine, tonique cardio-vasculaire, de l'aloès, de l'alfalfa, de la bardane ou de l'échinacée pour renforcer vos défenses immunitaires, et du thé vert, doté de précieuses propriétés anti-oxydantes.

Certaines plantes comme le gingembre ou l'orme rouge accroissent les sécrétions gastriques acides et quelques gouttes de teinture-mère de gentiane (*Gentiana lutea*) absorbées trente minutes avant les repas dans un verre d'eau chaude stimulent efficacement la digestion.

Les herbes relaxantes, comme la camomille ou la racine de valériane, vous aideront quant à elles à combattre le stress.

TRÈS BÉNÉFIQUES

Alfalfa (luzerne)	Échinacée
Aloès	Éleuthérocoque (ginseng de Sibérie)
Arabinogalactane de mélèze	Fenugrec
Ashwagandha (ginseng indien, *Withania somnifera*)	Gentiane
Aubépine	Gingembre
Bardane	Gingko biloba
Basilic sacré (*Ocimum sanctum*)	Millepertuis
Camomille	Orme rouge
Chardon marie	Pissenlit
Collinsonia (*stone root*)	Valériane
Cynorrhodon (baies d'églantier)	

NEUTRES

Achillée millefeuille	Mouron des oiseaux
Bouillon blanc	Mûrier
Bouleau blanc	Réglisse (racine)
Chêne blanc (écorce)	Salsepareille
Capselle bourse-à-pasteur	Sauge
Dong quai	Scutellaire
Fraisier (feuilles)	Séné
Framboisier (feuilles)	Sureau
Hydrastis du Canada (*goldenseal*) en gargarisme ou en usage topique seulement	Thym
Houblon	Tilleul
Marrube blanc	Tussilage
Menthe	Verveine
Menthe poivrée	

À ÉVITER

Cataire	Piment de Cayenne
Chaparral (*Larrea tridentata*)	Rhubarbe
Consoude	Sassafras
Maïs (barbes)	Trèfle rouge
Patience sauvage	

CHAPITRE 13

Breuvages divers

*L*E VIN ROUGE est excellent pour les sujets du groupe A, par son action positive sur l'appareil cardio-vasculaire. On admet généralement qu'un verre de vin rouge par jour réduit le risque d'accidents cardiovasculaires pour les hommes comme pour les femmes.

Le café est peut-être bon pour vous à dose modérée, car il accroît l'acidité gastrique et contient des enzymes identiques à celles du soja. Pour un résultat optimal, alternez café et thé vert.

Évitez en revanche toutes les autres boissons, à l'exception, bien sûr, de l'eau plate.

TRÈS BÉNÉFIQUES

Café	Thé vert
Café décaféiné	Vin rouge

NEUTRES

Bière	Vin blanc

À ÉVITER

Alcools forts	Sodas sans sucre (tous)
Bière	Thé déthéiné
Eau gazeuse	Thé noir
Sodas (tous)	

CHAPITRE 14

Suppléments nutritionnels recommandés pour le groupe A

*L*E RÉGIME DU GROUPE A propose des recommandations relatives aux vitamines, aux oligo-éléments ou aux suppléments phytothérapiques susceptibles de renforcer les bienfaits de ses préceptes nutritionnels. Chacun de ces micronutriments joue un rôle spécifique au sein de l'organisme.

Attention, le remède miracle que votre amie du groupe O ou du groupe B vous vante peut se révéler inefficace, voire nocif, pour vous.

Toute supplémentation a pour but de renforcer les atouts et d'apporter une protection spécifique, afin de pallier les faiblesses naturelles. Pour les personnes du groupe A, on cherchera essentiellement à :

- renforcer le système immunitaire,
- apporter des anti-oxydants anti-cancer,

- prévenir les maladies infectieuses,
- améliorer les fonctions cardio-vasculaires.

Bénéfiques

Vitamines B

Les personnes du groupe A sont sujettes aux carences en vitamine B12 puisqu'on trouve principalement cette vitamine dans les protéines animales, mais aussi parce qu'elles l'absorbent mal. Cela résulte du fait que leur estomac ne sécrète pas assez de facteur intrinsèque, une substance indispensable au métabolisme de la vitamine B12. Chez les sujets âgés, les carences en vitamine B12 peuvent provoquer une démence sénile et d'autres troubles neurologiques.

La plupart des autres vitamines du groupe B sont présentes en quantité suffisante dans votre alimentation ; il est donc inutile d'en puiser ailleurs.

En cas d'anémie, prenez une petite supplémentation en vitamine B9 (acide folique).

Ceux d'entre vous qui souffrent de problèmes cardiaques peuvent demander à leur médecin de leur prescrire de la vitamine PP (niacine) à petite dose, car cette vitamine contribue à la réduction du taux de cholestérol sanguin.

**LES MEILLEURS ALIMENTS RICHES EN VITAMINE B
POUR LE GROUPE A**

Céréales complètes (vitamine PP)
Miso (vitamine B 12)
Œufs
Poisson
Sauce de soja (vitamine B12)
Tempeh (vitamine B12)

Vitamine C

Les personnes du groupe A affichent des taux de cancer de l'estomac supérieurs à la moyenne à cause de leur taux d'acidité gastrique trop bas, mais la prise de vitamine C peut rééquilibrer la situation. Ainsi les nitrites, présents dans les viandes fumées ou salées, sont particulièrement nocifs pour vous, car ces composés chimiques sont plus cancérigènes lorsque l'estomac est peu acide. Certes, la vitamine C anti-oxydante bloque cette réaction ; il n'empêche que vous devez tout de même éviter le plus possible les viandes fumées et salées ainsi que la charcuterie.

Cela ne signifie pas non plus que vous deviez vous gorger de vitamine C. J'ai d'ailleurs constaté que les personnes du groupe A – ou plus exactement leur estomac – toléraient mal les doses supérieures à 1 000 mg par jour. Mieux vaut vous en tenir à deux à quatre doses de 250 mg réparties au fil de la journée. Préférez les gélules à base de baies de cynorrhodon (fruits de l'églantier).

**LES MEILLEURS ALIMENTS RICHES EN VITAMINE C
POUR LE GROUPE A**

Ananas
Baies
Brocolis
Cerises
Citron
Pamplemousse

Vitamine E

Certaines études semblent démontrer que la vitamine E protège à la fois du cancer et des affections cardio-vasculaires – deux des « points faibles » des organismes du groupe A. Cela justifie à mon sens la prise d'une supplémentation quotidienne, mais ne dépassez pas 400 UI (unités internationales) par jour.

**LES MEILLEURS ALIMENTS RICHES EN VITAMINE E
POUR LE GROUPE A**

Cacahuètes
Céréales complètes
Germe de blé
Huiles végétales
Légumes verts à feuilles

Calcium

Je recommande une petite supplémentation en calcium (300 à 600 mg par jour) à partir de la cinquantaine. À mon sens, la source de calcium la plus commune, le carbonate de calcium (souvent présent dans les pansements gastriques), est aussi la plus difficile à assimiler, car son absorption exige un taux d'acidité gastrique élevé. Préférez-lui du lactate de calcium ou, à défaut, du citrate de calcium, ou à la rigueur du gluconate de calcium.

LES MEILLEURS ALIMENTS RICHES EN CALCIUM POUR LE GROUPE A

Brocolis
Épinards
Lait de chèvre
Lait de soja
Œufs
Sardines (avec arêtes)
Saumon en conserve (avec arêtes)
Yaourt et autres laitages fermentés

Fer

L'alimentation du groupe A est naturellement pauvre en fer, puisqu'on trouve principalement celui-ci dans les viandes rouges. Les femmes du groupe A doivent donc surveiller de près leurs réserves de fer, surtout si elles ont des règles abondantes. En matière de supplémentation en fer, ne faites pas d'automédication : consultez votre médecin, de manière qu'il puisse surveiller l'effet du traitement au moyen d'analyses sanguines.

En règle générale, mieux vaut absorber de petites doses de fer et suivre des cures de courte durée. Évitez les préparations trop concentrées, comme le sulfate ferreux, qui peuvent irriter l'estomac, et préférez-leur des formules plus douces à base de citrate de fer ou de mélasse non raffinée.

LES MEILLEURS ALIMENTS RICHES EN FER
POUR LE GROUPE A

Céréales complètes
Figues
Légumes secs
Mélasse non raffinée

Zinc (avec prudence)

J'ai remarqué qu'une supplémentation minime en zinc (3 mg par jour suffisent) renforçait remarquablement les défenses immunitaires des enfants, notamment contre les otites.

Toutefois, le zinc doit être manié avec discernement, car si de brèves cures périodiques stimulent le système immunitaire, en prendre trop ou pendant trop longtemps produit l'effet inverse. De plus, la prise de zinc peut inhiber l'absorption d'autres oligo-éléments. Attention : évitez l'automédication et consultez votre médecin.

LES MEILLEURS ALIMENTS RICHES EN ZINC
POUR LE GROUPE A

Légumes secs
Œufs

Sélénium (avec prudence)

Le sélénium, qui semble se comporter comme un composant des anti-oxydants sécrétés par notre organisme, peut être fort utile pour prévenir les risques accrus de cancer liés au groupe sanguin A. Parlez-en d'abord à votre médecin, car on a relevé des cas de toxicité à la suite de l'absorption de doses excessives.

À éviter

Vitamine A/bêta-carotène

Des études récentes laissent entendre que, pris à haute dose, le bêta-carotène peut se transformer en pro-oxydant, accélérant la détérioration des tissus au lieu de la freiner. Les personnes du groupe A ont donc sans doute tout intérêt à fuir les supplémentations en bêta-carotène et à les remplacer par des aliments riches en caroténoïdes.

Un bémol à ce conseil : à mesure que nous avançons en âge, notre capacité d'absorption des vitamines liposolubles (catégorie à laquelle appartient la vitamine A) semble aller décroissant. C'est pourquoi les plus âgés des individus du groupe A doivent néanmoins absorber une faible supplémentation en vitamine A (10 000 UI par jour) pour combattre les méfaits du vieillissement sur votre système immunitaire. Parlez-en à votre médecin.

LES ALIMENTS RICHES EN VITAMINE A/BÊTA-CAROTÈNE
ACCEPTABLES
POUR LE GROUPE A

Brocolis
Carottes
Courge jaune
Épinards
Œufs

Plantes médicinales et substances phytochimiques

Aubépine (*Cratægus oxyacantha*). L'aubépine est un excellent tonique cardio-vasculaire, que les individus du groupe A devraient sans conteste ajouter à leur alimentation si eux-mêmes ou des membres de leur famille souffrent de problèmes cardiaques. Les principes actifs de cette plante accroissent l'élasticité des artères et tonifient le cœur, tout en réduisant la tension artérielle et en exerçant une légère action solvante sur les plaques d'athérome déposées sur les parois artérielles. On trouve de l'aubépine sous forme d'extrait ou de teinture-mère dans les magasins de produits diététiques et les pharmacies.

Bromélaïne (enzymes d'ananas). Si vous appartenez au groupe A et souffrez de ballonnements ou d'autres manifestations indiquant un mauvais métabolisme des protéines, prenez une supplémentation en bromélaïne. Cette enzyme attaque légèrement les protéines des aliments, facilitant ainsi leur digestion.

Chardon marie (*Silybum marianum*). Le chardon marie est un puissant anti-oxydant, qui présente l'avantage de se concentrer tout particulièrement dans les canaux du foie et de la vésicule biliaire. Or les personnes du groupe A sont souvent sujettes aux troubles hépatiques et biliaires. Alors, si les affections du foie, de la vésicule biliaire ou du pancréas sont répandues dans votre famille, envisagez d'absorber du chardon marie (en vente dans les pharmacies et dans les magasins et les rayons de produits diététiques).

Les patients atteints de cancer qui suivent une chimiothérapie auront avantage à en absorber aussi pour protéger leur foie.

Plantes calmantes. Les sujets du groupe A peuvent utiliser des calmants phytothérapiques légers, comme la camomille ou la racine de valériane, pour mieux gérer leur stress. Ces herbes s'absorbent sous forme de tisane, à prendre régulièrement. La valériane possède une odeur puissante et caractéristique, mais on s'y habitue en général assez rapidement.

Plantes stimulant les défenses immunitaires. Votre système immunitaire tendant à se montrer un peu trop conciliant avec ses agresseurs, il est utile de le stimuler un peu au moyen de plantes médicinales appropriées, qui vous aideront à éviter rhumes et grippes et optimiseront peut-être la vigilance de votre organisme à l'encontre des cancers.

Je vous conseille l'échinacée (*Echinacea purpura*), à prendre en comprimés, en gélules ou sous forme d'extrait liquide. Le huangki chinois (*Astragalus membranaceus*) est aussi efficace, mais plus difficile à se procurer. Les principes actifs de ces deux plantes sont des sucres qui accélèrent la production de globules blancs, lesquels assurent la défense de l'organisme contre les agresseurs extérieurs.

Quercétine. La quercétine est un bioflavonoïde présent en abondance dans le règne végétal, notamment dans les oignons jaunes. On la trouve aussi sous forme de complément dans les pharmacies et les magasins de produits diététiques, en général sous forme de

gélules de 100 à 500 mg. C'est un très puissant anti-
oxydant, plusieurs centaines de fois plus actif que la
vitamine E. À ce titre, la quercétine complète utile-
ment la stratégie anti-cancer du groupe A.

Suppléments probiotiques. Si vous venez de
découvrir le régime du groupe A, vous avez peut-être
remarqué que l'adaptation à une alimentation végétarienne n'était pas toujours aisée et se traduisait souvent par des ballonnements et des flatulences. Les
suppléments probiotiques peuvent contrebalancer cet
inconvénient en vous apportant les « bonnes » bactéries normalement présentes dans votre tube digestif.
Privilégiez les suppléments riches en bifidus, la variété
de bactérie la mieux adaptée aux intestins du
groupe A.

CHAPITRE 15

Stratégies
médicales

*L*A SCIENCE MODERNE a fourni au corps médical un attirail impressionnant de traitements abondamment prescrits par les praticiens du monde entier. Mais avons-nous été assez prudents dans notre emploi des antibiotiques et des vaccins ? Et comment savoir quels médicaments sont bons pour vous, pour votre famille et pour vos enfants ? Une fois encore, votre groupe sanguin – ou celui des vôtres – détient la réponse à vos interrogations.

En tant que naturopathe, je m'efforce bien sûr d'éviter autant que possible de prescrire de tels produits, car il existe presque toujours des substances naturelles tout aussi efficaces et dépourvues des effets secondaires inhérents aux préparations chimiques.

Les remèdes naturels qui suivent sont particulièrement adaptés aux sujets du groupe A.

ARTHRITE

alfalfa (luzerne)
boswellia (oliban)
calcium
bain au romarin
bain aux sels d'Epsom

CONGESTION

bouillon blanc
ortie
tisane de réglisse
verveine

CONSTIPATION

fibres
écorce de mélèze (ARA-6)
jus d'aloès
orme rouge
psyllium

DIARRHÉE

L. acidophilus (bactéries de yaourt)
baies de sureau
feuilles de framboisier
myrtilles

DIFFICULTÉS DIGESTIVES, BRÛLURES D'ESTOMAC

bromélaïne
gentiane
gingembre
hydrastis du Canada (*goldenseal*)
menthe poivrée

DOULEURS ABDOMINALES SPASMODIQUES, FLATULENCES

tisane de camomille
tisane de fenouil
gingembre
tisane de menthe poivrée
suppléments probiotiques contenant du bifidus

DOULEURS DENTAIRES

massage des gencives avec de l'ail écrasé
massage des gencives avec de l'huile de clou de girofle

DOULEURS MENSTRUELLES

cimicifuga
cornouiller de la Jamaïque

FIÈVRE

grande camomille
écorce de saule blanc
verveine

GRIPPE

ail
arabinogalactane
échinacée
tisane de cynorrhodon (baies d'églantier)
hydrastis du Canada (*goldenseal*)
sureau (en traitement préventif)

MAL DE GORGE

gargarisme de tisane de fenugrec
gargarisme de tisane de racine d'hydrastis
du Canada (*goldenseal*) et de sauge

MAL DE TÊTE

camomille
damiana
grande camomille
écorce de saule blanc
valériane

MAUX D'OREILLES

gouttes auriculaires : huile d'olive, ail et bouillon blanc

NAUSÉES

gingembre
tisane de racine de réglisse

SINUSITE

Collinsonia (*stone root*)
fenugrec
thym

SYMPTÔMES LIÉS À LA MÉNOPAUSE

Phyto-œstrogènes extraits de l'igname sauvage, de
l'alfalfa (luzerne) ou du soja ; évitez d'utiliser les traitements hormonaux de substitution classiques à cause
de votre prédisposition accrue aux cancers.

TOUX

marrube blanc
tilleul
tussilage

CHAPITRE 16

Les questions que l'on me pose le plus fréquemment

Dois-je absolument effectuer d'emblée tous les changements recommandés pour que le régime du groupe A fonctionne ?

Non. Je vous engage au contraire à procéder par étapes, en éliminant petit à petit les aliments mauvais pour vous et en augmentant dans le même temps la part de ceux qui sont bénéfiques. Bien des régimes exigent de leurs adeptes qu'ils se convertissent à eux immédiatement, si brutaux que soient les bouleversements nécessaires pour y parvenir. Je juge plus réaliste, et à terme plus efficace, de préférer un apprentissage progressif. Ne vous contentez pas de croire ce que je vous affirme : il faut que vous sentiez dans les fibres de votre corps la justesse de mes conseils.

Peut-être ne connaissiez-vous pas grand-chose aux aliments bons ou mauvais pour vous avant de découvrir le régime adapté à votre groupe sanguin. Nous sommes en effet habitués à choisir nos mets en nous fiant à nos papilles, aux traditions familiales et au dernier régime amincissant à la mode. Sans doute consommez-vous déjà, sans le savoir, des aliments bons pour votre santé, mais *Le Régime du Groupe* A va vous donner le moyen de composer chacun de vos repas en connaissance de cause. Une fois votre plan nutritionnel idéal mémorisé, rien ne vous interdit de vous en écarter un peu à l'occasion. La rigidité est ennemie du plaisir et je n'en suis pas adepte. Le régime du groupe A vise à vous apporter santé et bien-être, pas à vous affamer ni à vous faire perdre le goût de vivre. Le simple bon sens vous dictera parfois d'oublier un peu vos principes diététiques – par exemple lorsque vous dînez chez vos parents !

J'appartiens au groupe A et mon mari au groupe O. Comment procéder ? Je ne veux pas préparer deux menus différents à chaque repas.

Voilà un problème que je connais bien, car Martha, ma femme, appartient au groupe O, et moi j'appartiens au groupe A. En général nous parvenons à partager deux tiers de nos repas. Seules nos sources de protéines diffèrent. Nous préparons par exemple des légumes sautés au wok pour nous deux, que Martha agrémentera d'un peu de poulet, et moi de tofu. Si nous mangeons des pâtes, elle ajoutera un peu de bœuf haché dans son assiette. Cette discipline nous paraît relativement facile, car chacun de nous connaît assez bien le régime de l'autre.

Je vous suggère de vous reporter à mes ouvrages *4 Groupes sanguins, 4 Régimes* et *4 Groupes sanguins, 4 Modes de vie*, qui comportent des informations et des conseils destinés aux familles dont les membres possèdent des groupes sanguins différences. Je sais que beaucoup d'entre vous s'inquiètent des divergences entre les protocoles nutritionnels, mais sachez que ce régime répertorie plus de deux cents aliments et beaucoup d'entre eux sont excellents pour tous les groupes sanguins. Si l'on considère que la plupart des gens composent leurs menus avec une moyenne de vingt-cinq aliments seulement, le régime Groupe sanguin élargit plutôt les choix !

Pourquoi vos recommandations nutritionnelles tiennent-elles compte de l'origine ethnique ?

Il s'agit là d'aider mes lecteurs à affiner le régime Groupe sanguin en fonction de leur hérédité. De même que les besoins des hommes, des femmes et des enfants diffèrent, on doit considérer la morphologie, la géographie et les préférences gustatives culturelles de chacun. Ces suggestions vous accompagneront au début de votre régime. Plus tard, quand vous y serez complètement habitué, vous calculerez de vous-même les portions qui vous conviennent le mieux.

Mes recommandations incluent en outre les problèmes spécifiques liés à l'origine ethnique, tels que l'intolérance au lactose pour les personnes d'ascendance africaine, ou encore le fait que les Asiatiques consomment traditionnellement très peu de laitages, ce qui peut rendre nécessaire une introduction plus progressive de ces denrées dans l'alimentation, afin d'éviter toute gêne.

Dois-je consommer tous les aliments estampillés « très bénéfiques » pour mon groupe sanguin ?

Ce serait impossible ! Considérez le régime adapté à votre groupe sanguin comme la palette sur laquelle un peintre sélectionne ses couleurs pour obtenir une infinité de teintes et de nuances. Efforcez-vous d'absorber chaque semaine les quantités indiquées de chaque catégorie d'aliments, en sachant que le rythme hebdomadaire se révèle sans doute plus important que la taille des portions.

Si vous affichez une silhouette fluette, réduisez un peu vos portions, mais veillez tout de même à respecter la cadence recommandée. Cela garantira un apport constant de nutriments essentiels dans votre flux sanguin.

Que dois-je faire lorsqu'un aliment « à éviter » est le quatrième ou cinquième élément de base d'une recette de cuisine ?

Cela dépend de votre état de santé et de votre tempérament. Si vous souffrez d'allergies alimentaires ou de colite, vous préférerez peut-être renoncer à suivre cette recette. Même chose si vous aimez respecter un régime à la lettre, donc bannir complètement les aliments « à éviter ». Je juge pour ma part ce type de comportement un peu excessif.

Sauf si vous y êtes allergique, consommer occasionnellement un aliment qui n'est pas recommandé par votre régime ne peut pas vous faire grand mal.

Vais-je perdre du poids en adoptant le régime Groupe sanguin ?

Il existe plusieurs réponses à cette question.

En premier lieu, la plupart des personnes en surpoids ont une alimentation déséquilibrée : elle comporte des produits qui bouleversent leur métabolisme, entravent la digestion et favorisent la rétention d'eau. Le régime adapté à votre groupe sanguin élimine par définition toutes ces distorsions. Si vous le respectez, votre métabolisme va se stabiliser à son niveau idéal, si bien que vous brûlerez les calories plus efficacement, votre appareil digestif utilisera les nutriments de manière optimale et vous ne retiendrez plus d'eau dans vos tissus. Très rapidement, vous perdrez du poids.

Paradoxalement, bon nombre de mes patients qui souffrent de problèmes pondéraux sont au régime de manière chronique depuis de longues années. On pourrait penser que surveiller constamment sa ligne est une garantie de minceur. Pourtant, si la structure de l'alimentation à laquelle on s'astreint et les mets consommés vont à l'encontre de tout ce qui convient à son organisme, on n'atteint jamais son poids idéal. Notre civilisation tend à définir des protocoles amincissants universels, s'appliquant à tous. Et l'on s'étonne que cela ne fonctionne pas. L'explication est pourtant évidente ! Des groupes sanguins différents réagissent aux aliments de manière différente. Par exemple, les sujets du groupe A digèrent et métabolisent efficacement les pâtes ou le pain (à l'inverse de leurs congénères du groupe O), tandis que chez eux les protéines animales tendent à être stockées sous forme de graisse.

Si vous souhaitez perdre du poids, le programme nutritionnel et le programme sportif adaptés à votre groupe sanguin vous permettront de constater très rapidement des résultats positifs.

Doit-on compter les calories dans le cadre du régime du groupe A ?

Ce régime comporte une période d'ajustement, au cours de laquelle vous apprendrez peu à peu quelles portions vous conviennent le mieux. Il est important de mesurer les portions alimentaires que vous consommez. En effet, quel que soit l'aliment en question, on grossit si on en abuse.

Cela semble si évident que j'ose à peine le souligner, mais la voracité de nos contemporains constitue un grave problème de santé publique. Quand on mange trop, les parois de l'estomac se distendent comme l'enveloppe d'un ballon gonflable. Et bien que les muscles qui les entourent soient élastiques et conçus pour se contracter et se détendre, point trop n'en faut : les cellules de la paroi abdominale sont terriblement malmenées quand on grossit excessivement.

Si vous avez tendance à vous empiffrer jusqu'à ne plus rien pouvoir avaler et que vous somnolez souvent après les repas, efforcez-vous de diminuer le volume du contenu de vos assiettes. Apprenez à écouter votre corps pour retrouver le chemin de la forme et de la santé.

Le tofu ne me paraît guère appétissant. Dois-je vraiment en consommer, puisque j'appartiens au groupe A ?

Beaucoup de patients du groupe A réagissent par une grimace de dégoût lorsque je leur recommande de faire une place au tofu dans leur assiette. J'admets volontiers que ce n'est guère un aliment « glamour ».

Je pense que le vrai problème vient de la manière dont il est présenté dans les étals. Ces cubes d'un blanc jaunâtre immergés dans de l'eau froide dans un bac de plastique sont en effet fort peu alléchants. Pour ne rien arranger, lorsqu'on parvient à surmonter son aversion initiale pour en acheter, une fois rentré chez soi, on le pose sur une assiette et on en goûte un morceau. Voilà une très mauvaise façon de découvrir le tofu. C'est un peu comme si, voyant un œuf pour la première fois, vous le gobiez tout cru et le mâchiez. Peut-être n'y goûteriez-vous plus jamais ! Le tofu se mange cuit, combiné à des légumes et agrémenté de condiments à la saveur prononcée tels que l'ail, le gingembre ou la sauce de soja.

Le tofu est un aliment complet, nourrissant et extrêmement bon marché. Quand j'étais étudiant, sans le sou, je me suis nourri de tofu, de légumes et de riz complet pendant quatre ans. Bref, amis du groupe A, prenez note de ce qui suit : le chemin de votre santé est pavé de tofu !

La plupart des céréales que vous évoquez me sont inconnues. Comment puis-je me documenter sur elles ?

Les magasins de produits diététiques sont une véritable caverne d'Ali Baba pour qui souhaite diversifier son apport en céréales. Nombre de céréales anciennes ont été récemment remises au goût du jour et sur les rayons. Ainsi de l'amarante, une céréale mexicaine, ou de l'épeautre, cousine rustique du blé qui semble ne présenter aucun des inconvénients du blé complet. Goûtez-les : elles ne sont pas mauvaises du tout. La farine d'épeautre donne un pain compact et plutôt savoureux, et l'amarante d'originales préparations céréalières pour le petit déjeuner.

Essayez aussi les pains de blé germé comme le pain Essène car les lectines du gluten, concentrées dans l'enveloppe du grain, sont détruites par le processus de germination. Comme ces pains s'altèrent rapidement, on les trouve en général dans le rayon réfrigéré des magasins de produits diététiques. Il s'agit d'aliments vivants, riches en enzymes bénéfiques (méfiez-vous des « pains de blé germé » industriels qui contiennent en général une très faible proportion de blé germé ajoutée à une base de blé complet). Ces pains à la saveur légèrement sucrée – car la germination des grains libère des sucres –, tendres et moelleux, font d'excellents toasts.

Dois-je me préoccuper des levures du pain ?

Beaucoup de patients redoutent que les levures présentes dans le pain leur posent des problèmes digestifs, surtout si leur côlon est fragile. En toute honnêteté, je n'ai rien observé de tel au sein de mon cabinet. Je pense qu'on rend souvent ces ingrédients responsables de réactions suscitées par les lectines du gluten lorsqu'elles entrent en contact avec les antigènes sanguins du tractus intestinal. Le fait que la plupart des patients supportent bien des pains riches en levures mais préparés à partir de céréales convenant à leur groupe sanguin tend à appuyer cette thèse. Parmi lesdits aliments, citons le pain de seigle, le pain d'avoine, ou encore ceux à base de millet, de sarrasin, de riz complet ou de riz sauvage.

J'ai adopté une bonne partie de vos recommandations et ma santé s'en ressent. À ma grande joie ! Mais comment les cacahuètes peuvent-elles figurer parmi les aliments sains, alors qu'elles renferment des aflatoxines ?

Dans une déclaration récente, une personnalité reconnue des médecines douces a en effet mis en doute la qualité des cacahuètes vendues dans le commerce. À la question : « Le beurre de cacahuète provoque-t-il le cancer ? », cet oracle a répondu : « Les aflatoxines engendrent relativement souvent un type d'empoisonnement appelé aflatoxicose. »

Une assertion pour le moins contestable. Les bases de données médicales ne relèvent en tout et pour tout que quelques flambées isolées de cette affection dans des pays en développement, où les conditions de stockage et d'identification laissent largement à désirer (l'Ouganda en 1971, l'Inde en 1975 et la Malaisie en 1991). Et aucun des malades recensés dans le cadre de ces « épidémies » n'avait absorbé de cacahuètes ! En Ouganda et en Inde, le coupable était du maïs contaminé, et en Malaisie un certain type de nouille. Rien de « relativement fréquent » à mon sens et, surtout, rien qui implique directement les cacahuètes plus que, par exemple, le maïs ou les noix, autres sources d'aflatoxines.

En Occident, les autorités sanitaires traquent ces substances : il suffit d'user de techniques agricoles et industrielles appropriées pour prévenir leur formation. Sachez que des contrôles fréquents sont exercés.

Mes enfants, respectivement âgés de cinq et de sept ans rechignent à essayer de nouvelles saveurs. Tous deux appartiennent au groupe O et j'ai beaucoup de mal à les convertir au lait de soja et aux aliments sans blé. Avez-vous des suggestions à me faire pour surmonter cet obstacle ?

La meilleure approche avec les enfants consiste à procéder à des changements lents et progressifs. Concentrez-vous tout d'abord sur l'introduction dans leurs menus d'un maximum d'aliments bénéfiques pour leur groupe sanguin. N'essayez pas de diminuer trop brutalement leur apport en lait de vache ou en blé.

Rappelez-vous que les préférences gustatives s'inculquent. Des études menées pendant plusieurs semaines sur des enfants livrés à eux-mêmes pour la composition de leurs repas ont montré qu'ils sélectionnaient des aliments aussi sains, voire meilleurs, que ceux que leurs parents leur auraient proposés sur la même période. Les maîtres mots sont donc « exposition à des aliments nouveaux »... et « patience ».

Le groupe A : survol rapide

Le groupe A

Le Cultivateur
Sédentaire – coopératif – respectueux des lois

———

Forces	Faiblesses	Risques médicaux	Profil nutritionnel	Pour perdre du poids	Suppléments	Programme sportif
S'adapte bien aux changements environnemen-taux et diététiques Organisme qui préserve et métabolise les nutriments plus efficacement	Digère et métabolise mal les protéines de la viande Système immunitaire vulnérable aux agressions bactériennes	Affections cardio-vasculaires Diabète de type I et de type II Cancer Troubles du foie et de la vésicule biliaire	VÉGÉTARIEN • Légumes • Tofu • Produits de la mer • Céréales • Pois • Légumes secs • Fruits	À ÉVITER • Viande • Laitages • Haricots rouges • Haricots de Lima • Blé UTILES • Huile d'olive • Soja et ses dérivés • Produits de la mer • Légumes • Ananas	• Vitamine B12 • Vitamine B9 (acide folique) • Vitamine C • Vitamine E • Aubépine • Échinacée • Quercétine • Chardon marie	Activités calmantes et favorisant la concentration telles que : • yoga • tai-chi-chuan

Pour en savoir plus

À présent que vous maîtrisez les bases du régime Groupe sanguin, je vous incite vivement à étendre vos connaissances en la matière. La série « 4 Groupes sanguins » (*4 Groupes sanguins 4 Régimes* et *4 Groupes sanguins 4 Modes de vie*) propose l'information la plus complète, scientifiquement fondée et cliniquement testée disponible sur les groupes sanguins. Pour tirer le meilleur parti possible des recommandations adaptées à votre cas en termes de nutrition et de mode de vie, il importe que vous acquériez une connaissance basique de tous les groupes sanguins. Vos spécificités s'inscrivent en effet dans le cadre du système complexe d'oppositions et de synergies qui régit la nature.

Mieux comprendre les facteurs liés au processus de l'évolution qui distingue les divers groupes sanguins vous aidera à vivre plus pleinement votre groupe A. Ces ouvrages comportent de surcroît des informations et des conseils détaillés pour votre groupe sanguin.

Pour plus de détails, consultez le site Internet du Dr D'Adamo :

www.dadamo.com

Remerciements

Un parcours scientifique ne s'effectuant jamais en solitaire, je tiens à remercier toutes les personnes qui m'ont aidé dans mes recherches, ainsi que toutes celles qui m'ont soutenu, inspiré, stimulé et fait confiance. Je remercie tout particulièrement ma femme, Martha, de son amour et de son amitié, mes filles, Claudia et Emily, pour le bonheur qu'elles m'apportent, mes parents, James D'Adamo Sr et Christl, qui m'ont appris à me fier à mon intuition.

Je tiens également à exprimer mon immense gratitude à :

Catherine Whitney, qui a rédigé ce livre, et son collaborateur Paul Krafin : ils ont su exprimer des théories scientifiques incroyablement complexes en principes clairs utilisables au quotidien.

Mon agent littéraire, Janis Vallely, pour son soutien sans faille et ses encouragements.

Amy Hertz, des éditions Riverhead/Putnam, dont la vision d'ensemble a permis d'appliquer la science des groupes sanguins sous la forme d'un programme accessible à tous.

Jane Dystel, l'agent littéraire de Catherine Whitney, pour ses conseils toujours pertinents.

Heidi Merritt, pour le temps et l'attention qu'elle a consacré à ce manuscrit et grâce auxquels il se rapproche un peu plus de la perfection.

Mes collaborateurs du 2009, Summer Street, pour leur aide et leur conscience professionnelle, ainsi que la valeureuse équipe du 5, Brook Street.

Enfin, je remercie tous les merveilleux patients qui m'ont honoré de leur confiance au fil de leur quête de la santé et du bonheur.

Table des matières

Composition PCA
44400 - Rezé

Impression réalisée sur CAMERON par

BRODARD & TAUPIN

GROUPE CPI

La Flèche

pour le compte des Éditions Michel Lafon
en mars 2004

Imprimé en France
Dépôt légal : mars 2004
N° d'impression : 23056
ISBN : 2-84098-943-3
LAF 347 B